JN439757

소금꽃 둥지

방옥산 시집

소금꽃 둥지

방옥산 시집

도서출판 두손컴

소금꽃 둥지
·
2013

시인의 말

새벽을 여는 용기로 남은 시간을 저울질하며
철따라 삶의 편린들을 시로 심으면 그래도
그 시간이 더없이 행복하다

첫시집과 산문집을 펴낸 후 1년여의 긴 세월이
저만치 흘러가 땅 끝에서 목마르다

두번째 시집 『소금꽃 둥지』를 내면서 한편으로는 흐뭇하나
부끄러운 마음이다
미진한 재주가 갈피마다 더욱 정진하라며 채근하는 것같다

더욱 생동감 있는 글로 새로운 지평을 열고 싶다
늘 곁에서 격려해 주는 모든 분들께 감사를 드린다

2013년 겨울

저자 방 옥 산

차례

제2부 차 한잔의 행복

제3부 소금꽃 둥지

제4부 봄이 오는 소리

제5부 광장의 하루

제 *1* 부

간이역

출항

태풍으로 뱃길이 묶이고
오래 기다리다 지친 물결이
아이들이 봄노는 푸른 바다로 자라고
그림자로 푸근한
아내의 온기로 풀어진 날

즈믄 날 원양선 포구에 묶어 두고
만경창파에 검은 머리 풀어 바치는
지폐 문 돼지머리 바라보며
두 손 모은 어머니 귀밑머리에
하얀 파도가 출렁인다

항구의 새벽
무수히 떠 있는 이별들이 서성이는 포구
출항 준비 마친 원양어선의 위풍에
해면이 잔잔해지면
펄펄 뛰는 바다 잡으러 꿈이 꿈틀거리는
선원들의 발걸음이 서둘러 대양을 걷고 있다

무한한 미래를 여는 출항 깃발 더욱 높여
무거운 닻줄 잡아 선수船首를 돌려
대양을 향해 나아가는
출항의 이별을 읽는 아침

식탁

손톱 달 창문에 걸어 놓고
은빛 쟁반에
포도송이 옹기종기 모여 앉았다

찻물 끓는 주전자 먼저 마음 열면
마주 앉은 부부 차 한잔으로
가슴 트며 눈빛 나누는 저녁
나날이 꽃망울 트는
화병의 하루를 건너면

까맣게 익은 알알의 단맛에
조각난 마음 씻어주고 위무하며
거친 한세상 다독이면
닫힌 문고리도 일어선다

어느덧 마음 풀어진 향기에
꾸벅이며 조는 형광등 아래
식탁은 깊은 온기로 온다

들국화

해마다 들녘에 들국화 피면

고향 가는 자드락 기슭에
찬 이슬 먼저 내리고
시린 숨결 따라 반기는
창백한 누이의 얼굴이
연보라
꽃잎에 가냘프게 묻어 온다

불볕 더위 긴 여름날
풀벌레 목마른 울음소리에
하얀 꽃잎 갈바람에 흔들리면
가을 햇살 스친 살내음
거친 숨결로 오는데

인적 끊긴 바람이
빈 꽃가지 흔들고 떠난
화장기 없는 시린 손끝에
매달린 연보라 꽃송이 송이 엮어
오가는 자드락 길에 걸어두리

해마다 가슴에 들국화 피면

철길

천년을 두 줄기로 길을 열었다
꿈틀거리며 달리는 열차의
묵직한 쇠바퀴 소리
하늘을 찌르면

침목의 나무토막 깔고
햇살 곱게 나란히 누웠다

숨소리 고르며 손 한번 잡을 수 없는
애달픈 발자국에 고인 눈물이
숨비의 평행선으로
굳어 버린 육십여년

한 생生의 목마름 토하며
은빛 소원처럼 삼천리 길 열어
실향의 꽃열차 삼천리를 달리는
꿈에도 목메이는 그날
언제 오랴

친구

우사벌이 잠비*로 제 몸을 씻어낸 곳에
얼굴 묻고 풀 뜯는 목메기
얼룩배기 어미 한가히 되새김하는 오후
꿈을 함께 뜯던 네잎 클로바 잎새마다
허물없는 수다스러움이
먼 노을로 헤어지는데

흘러간 물결의 발자국
은빛 햇살 울컥 별빛 쏟아진
물오른 여학교 시절의 추억
한 움큼씩 집어내어
허기진 달빛에 달래면

물새울음 놓고간 버들가지 보며
소식 끊긴 전화번호 그늘에
안긴 너의 모습
빈 나무의 무릎에 바람이 시려도
마디마디 관절에 꽃무릇 피어나도
길섶 민들레 좋아라며 시선 모으던
너의 맑은 모습
오늘 나를 이리도 목메이게 하다

* 잠비 : 여름비

먹감나무

흙단 에워싼 뜨란이 목마르고
나이 굵은 먹감나무에
시든 바람이 걸릴 때면
외할매 긴 오수에 홀로 외롭다

세찬 바람 흔들어 댄
가지마다 털어낸 감또개
빈 바닥에 널브러진 채 굴러다니는 오후

무거운 적막이 홀로 아픈 날이면
눈 침침한 외할매
빈 가지에 앉았다 떠난
까치 기다리며
우둠지 높이 빨간 등불 하나 밝힌다

빗소리

비 치는 소리에 유리창이 소스라친다
빈 가지에 빗방울 맺혀 오면
자유롭지 못한 세상의 물상들
허공을 자맥질하는데

비 치는 날이면 풀잎 창을 열고
가장 낮은 여울목으로 들어서며
꿈이 가난한 눈물 같은 슬픔이
물방울 흘러내린 유리창에 얼비치는 곳

멀리서 발길 젖은 길손들 손에 고인
빗소리에 베인 상처가
한 줄의 언어로 남기엔
강물로 흘러간 눈물의 앙금이
너무 먼 빗소리로 다그치다

간이역

나뭇가지에 마른 바람이 울고
기둥을 떠받들던 버팀목이 떠났다
속울음 삼켜온 상처 깊은 모습들이
노을 붉어진 강물로 흘러갈 즈음

숱한 그늘을 밟으며
푸른 입술 삭정이 더듬고
지치지 않는 죽풍의
빈 항아리로 견뎌도
짙은 그림자로 남는 빈 하루

저녁 노을
길게 누운 강물을 보며
아픔으로 다가오는 추억들
어둠에 싸인 플랫폼에선
강물이 쉬임없이 흘러 내리는데

인적 끊긴 산모퉁이마다
우우 부는 바람들
지나가는 길손들의 발자국 지우며
늦게 당도한 완행열차 떠난 뒤
저홀로 철길을 밝히는
달맞이꽃 하나

꽃과 나

능선마다 깊은 그늘 속이다
화약연기 하늘을 가리고
햇살은 유월을 달구었다
일몰은 꽃순에 앉아
허물어진 빈터를 지키는데
잡초 우거진 집엔
어둠을 먼저 불러 들인다

벌거벗은 허기가 꽃을 꺾으면
상처 깊은 미루나무들이
서둘러 동구 밖으로 걸어나오는
하늘 끝자락에
무수히 지는 꽃잎들
강물 위 물무늬로 피는 유월 초입

돌부리 마른 길 위
꽃말은 이내 잊혀지고
일기장에 숨겨온 마른 꽃잎 몇 개
먼 하늘 수줍은 노을빛 아래
껍질 벗은 언어들과 함께
아련한 추억으로 오는 날

낮잠

메마른 작은 잎새에
눈 먼 바람이 떠난 후
지친 먼 산허리에 바람꽃 피고
목이 긴 하루 해가 지워진다

허기진 노루잠 잠시 베고 누우면
푸른 날들이 여울져 흘러가고
꼬리 내린 흰둥이 콧등 묻고
잠에 취하면
햇살 고운 피붙이 한마당에
어울리는 날

오늘을 깨운
빈 마당에 잠시 정적이 흐르고
허전한 조각 구름
덧없이 흘러 남으로 가면
먹감나무 빈 우듬지에
빨간 눈알 아프다

젖은 발자국

별이 지는 새벽 빗장을 열면
바람 한 줌 없는
숨막힌 판자촌의 열대야는
마른 물줄기에 목이 탄다

하늘 뵈는 지붕 아래
차마 떠나지 못한 지친 노동시장
오늘을 허덕이며
펴지 못한 어깨 위에
덧나는 시간의 상처
발걸음마다 호흡이 거칠어지는 날

허기진 풀꽃들이 눈에 밟히고
새벽 둥지 떠난 제비 돌아오면
길 잃고 움츠린 바람
나뭇가지 흔들어
시린 빈손으로 오늘을 빗질한다

양어깨 늘어진 무게만큼
떨어진 신발로 더디게 오는 시간
구멍난 양말이 세운 곰삭은 비늘 털어
달동네 석벽에 젖은 발자국마다
눈물이 되는
애환에 시린 한 세월

거울

얼음보다 차가운 하늘이
내 안에 날카로운 눈을 달다
시원始原의 강물은
소리없이 흘러가는데

길 잃은 시간들은 한이 되고
빈 나뭇가지 끝 바람이 울어대면
물방울 씻은 얼굴로 네 앞에 선다

부푼 내 안 그림자 지워진
낮은 언덕을 지나
소금꽃 핀 좁은 길로 오던
한 시절

춤추는 낮달

대천천에 발 씻은 버들가지
초록이 날개를 세우면
단아한 학鶴 한 마리
긴 도포자락으로 활짝 폈다

아름다운 하모니에
장단 고르고
긴 나래 춤사위로
원 그린 조감鳥瞰의 목선이 고운 날

숨죽인 물무늬 넓은 팔 벌리면
긴 다리 미투리 외발로 선
허기진 먹이 찾는 부리에
피라미떼 통방울 눈으로
줄달음이다

어느덧 저녁 노을 붉어지면
버들가지에 하얀 낮달이듯
무한 창공으로
날아오르다

자율학습

한 계단 높이 뜬 알卵의 크기로
무거운 책가방 홀로 더듬다
혼신의 힘으로 쪼아댄
아픈 시간들 껍질을 깨고 일어나는 날

곡식 낟알 쪼으며 하늘 높이 보고
교실 바닥에 깔린 잠 담금질하며
곧아진 두 다리로
넓은 뜰을 호흡하니
가벼운 날개짓이 자유롭다

고등학교 1학년 때
"계란 후라이 되지 말고 자율학습 하자" 시던
그때 그 선생님
뼈 속 깊은 말씀

해마다 새 학년이 되면
서로 엉기어 온 길 되새김하며
그때 춤추던 자율학습이 어떤 것인지
이제야 조금 알 것만 같아
철부지 시절의 지난 시절을
오늘 알卯처럼 깨우다

어머니의 손

눈 맑은 별들이
어둠을 밀어내면
선잠 깬 자리 십자가에 머리 숙인
어머니의 모습
빈 나뭇가지들의
언어들처럼 차고 무겁네

허기진 풀꽃들이
걸어가는 길목마다
목마른 노을이 지켜지고
실핏줄 붉어진 강줄기에
굳은 살 물비늘로 젖은 손등
곰삭은 강물 되어 흐르는데

윤기 잃은 마디마디 바람 한 점
아린 약손으로 쓸어내린 배와
봉숭아 꽃 물들이면 고운 손
아가의 웃음 눈 속에 함께 담으면
어느덧 절정의 봄으로 피어나는
어머니의 한 시절
눈에 보이듯 선하네

폐교

머물지 못한 시간들이
낙엽처럼 훌쩍 떠나고
푸르름 비운 느티나무
봄을 함께 놀던 하얀 언어들
마른 풀로 서걱이는데

꿈 흐르던 가지에
이미 바람이 잠들고
떠나간 이름들 하얗게 풀숲에 묻히면
남은 체온에 저문 해가 아프다

그늘 모퉁이의 수도꼭지 이미 녹슬고
달려오던 한 무리 눈빛만 남아
목마름이 뜨겁게 메어 온다

푸른 껍질 벗은 빈 사연 아려오면
대나무 마디 길에
목을 세우고 서걱이는 밤
말문 닫은 바람이 쉬었다 가는 그곳

제 2 부

차 한잔의 행복

새벽 기도

창문 밖 어두움을 열고 닫으면
빛의 무게로
잠에 물든 굴곡진 가슴이
말씀 언저리마다
무거운 걸음으로 옵니다

이 하루 두 손 모아
말씀의 채찍으로 선 등불로
어둡던 그늘 환하게
한 꺼풀 한 꺼풀 벗게 하소서

오늘, 나뭇잎에 바람이 살고
손마디 시린 가난에
허기진 풀꽃들이 살듯이
온 세상 푸른 꿈으로 가득하며

밤하늘 먼 곳 엷은 별들이
한없는 사랑으로 물들어 가고
쓰고 지운, 함께 한 삶이
한 송이 고운
언어로 꽃피게 하소서

징검다리

냇바람이 민들레 꽃눈 열면
징검다리 건너는 새벽의 기침소리에
버들 강아지 맑은 눈빛이
새아침의 밀어로 온다

버팀 다리로 살아온 한 세상
어매 닮은 그 앞에 서면
물수제비 뜨던 물빛으로
푸른 꿈 씻어내던
유년의 설레임으로 온다

야윈 바람이 돌아선 다리너머
노을로 지면 어매 머리에
가난 이어내던 쓸쓸한 뒷모습이
언제나 길게 누운
그림자로 묻히는 그곳

가락지

고향집 떠나던 날
당산나무 가지에 얹히는 삭풍을 뒤로
함박눈 길을 발걸음 재촉하던 어매
가락지 빼어주며 명命 지키라며 등 떠밀었다

길 없는 어둠이 좌우로 흩어져
매서운 바람이
빈 하늘을 흔들던 지난 날
피 말리며 견딘 남은 체온으로
문 밖에 까치발 그림자로 서서
어매를 그렸다

언 땅 찬 바람 담금질로 명命 지키며
나이테 하얀 당산나무에 달이 걸리고
언젠가 별빛이 고향집 마당에 내리면
문 밖에 어매 가락지 띄워 드리리

차 한잔의 행복

겨울 지난 녹차원의 이랑에
윤이 여린 새순들이
연두빛 속살 가마에 달구어져
날개 접힌 유년의
그림자로 거듭난다

창밖엔 붉은 노을이 내리고
안개꽃 같은 차향인 양
다소곳이 앉은 여인네들
맑은 눈빛처럼
찻물에 풀어낸 손끝
미향에 젖는 날이면

저 여린 이파리 제 몸 풀어내듯
내 안 빛바랜 아린 언어들이
결 곱게 풀어진 차 한잔에
살가운 여인의 해맑은 미소처럼
머언 세월의 빗장을 푼다

콩꼬투리

비탈진 산록 묵정밭에
목메기 자갈돌이 굴리고 간
가뭄에 잎 말려온 콩대가
아재 타작 마당에 목말라
줄지어 섰다

후려치는 도리깨 매운 손끝에
집을 버리고 나선 콩알보다
콩깍지 멍든 아우성이 낭자한데

날선 작두에 처절히 몸 부서지면
여물 솥 향긋한 맛으로 남아
햇살마저 달게 되새김하는 얼룩배기
눈빛 지긋한 살빛으로 출렁이는 것을

늦깎이

새벽별 사이로
그믐달이 더욱 수줍고
살아온 발자취를 수 놓으면
이제사 목마른 입술이
아픈 그림자를 말한다

내 안의 굳은 매듭이 풀리면
모닥불씨로 남는
애틋한 지난날의 눈물 어린 사연들

멀리 에돌아 온 빈 언어들이
슬픔이 되고
널브러진 발자국들이
시간을 털고 일어서면
저문 날 한편의 노래로
허기를 메운다

군고구마

허기진 기다림 앞에
엄동의 바닥이 냉기로 엉겨오면
지친 긴 하루해가
손끝에 시리다

하루를 마감한 노동의 꿈
그림자로 앞서가면
눈이 까만 어린아이들 눈에 밟혀

지친 빈 하루 에움길 돌아
온기어린 군고구마
한 봉지로 달려가면

한 이불 아래 옹기종기 모여
군고구마 호호 불며
옛이야기 한 입씩 베어물면
온기 잃은 겨울밤도
봄처럼 따뜻해 오는 것을

실향

서랍 속 빛바랜 흑백 사진 한 장
눈 뜬 상채기로 남아
고향집 뜨락에 반달로 뜨면
지척인듯 뜨거워지는 심장소리

난세의 녹슨 통증이 아려 오는 날
지천으로 울어 버린 우사천 달려가며
고향없는 바람만 허무를 곱씹던
석양 붉은 노을은 속울음만 삼켰다

아흔아홉 굽이
칠보의 비경마다
강물 수위만큼 가지 끝에 목쉰
북녘 하늘 날아가는
외기러기 부러운
목메이는 고향 언제 가보랴

모정慕情

물빛 향긋한 새벽 강변 걸으면
아침을 맑게 흐르던
유년의 우사천이 눈에 살아
정한수 한 그릇 떠놓고
두 손 모아 빌던
어매 물그릇에 뜬 달빛이
눈물로 고인다

흐르는 물속에
길게 지쳐 누운 발자국
갯버들 가지 끝이
바람결따라 흔들거리면
말라버린 무게 만큼이나
그믐달 진 길에
바람은 숨 멎은 채 홀로 서 있고

언어 잃은 굴곡진 강물 굽이마다
헝클어진 신발로 넘나들며 걸어온
주름진 물무늬
잔 바람으로 웅얼거리면
목메인 석양이
우두커니 내 뒷곁을 지키고 있었다

담쟁이

물기 마른 담벼락
햇살 그늘진 잎새 더욱 푸르고
여린 손끝이 붙든 층계마다
벽을 타는 서커스 소년처럼

줄을 타고 오르는 손끝에
파란 실핏줄이 돋아나고
언제까지 올라야 하는 눈물인가
바람이 흔드는 세상 끝을 넘보며

벌판에 한 줄기 바람꽃이 피면
푸른 숲 고르는
담벽이 출렁거리고
한 잎씩 떨어져 나간 빈터에
맹렬히 금을 붙들고 있다

무궁화 옆에서

꽃진 가지에 묶인 불볕이
빈 정원에 노을빛으로 돌아섰다
별빛 무리지어 시든 꽃 내려놓아도
언제나 여름을 썰며 아침을 꽃 피웠다

날빛 진홍의 화려한 정열로
여름 가을을 꽃 피운
순교자 같은 등불로 껴안는 꽃
일몰에 숨 끊어진
저녁이 눈시울 뜨거운데

꽃자락 돌돌 여민 명命을 다한
올곧은 선비의 품위로
일생을 다하면
가지 흔드는 바람에도 목이 메어

꽃대궁마다 못다한
수많은 언어 걸어 놓고
은근한 끈기로 봉오리 탱탱한
날빛으로 이어 피는
나라꽃 무궁화여

농심 잃은 들녘

우사벌에 심은 흙냄새 잎이 났다
배내적 농부인 아재는
해익은 들녘에서 소금꽃을 피웠다

초가 지붕 하얀 박꽃 이슬 머금고
할머니 옛얘기 듣노라면
별도 달도 가까이 내렸다

강을 넘친 홍수에 들녘이 잠기고
주인 잃은 농기구 떠난 빈 자리에
목 처진 허수아비
저홀로 소주잔 기울이면

낮은 기슭의 나무마다
주인인 양 까마귀 앉아 울고
무성한 잡초 허리 잡고 바람에 춤추면
빈 들녘에 언제 아재 닮은 아이들
봄으로 올까

가난의 그림자

야윈 바람 나뭇가지 흔들듯
빈 젖 빠는 목쉰 눈물이
어머니 눈가에 떨어지는
하얀 비늘처럼
가난은 늘 우리 곁에 살았다

처절하게 동강난 산하
길 잃은 겨울새는 눈물로
밤새도록 나무 끝에 발자국을 남기고
통증으로 가슴앓이 하던 그 시절

젖은 바람 햇살로 피어나면
허기진 풀꽃들의 아양을
생기 돋은 날개의 언어로
푸른 꿈, 빗살 고운 창가에 걸어보리

홍시

가을 햇살 등진 뜨락에
나이테 굵은 먹감나무 한 그루 외롭고
탯줄 심어준 손끝으로 걸어온
주홍빛 등불 하나 샛길 밝혀준다

별빛이 빈 뜨락에 내리는 날이면
빨갛게 익어가던 지난 날이
할매 무릎 베고 어리광부리던
언어들로 가물거리고
철이 닮은 달만 저문 밤 지켜주는데

오늘도 붉게 달린 가지 끝에
파란 하늘 열어두고
징검달로 살아온 바람 야위어
안으로 농익은 알몸 등불로 익어가면
언제나 길을 밝히는 빛이 되라며
속살대는 가을 무렵

불혹

석양은 무거운 발자국 찍으며
안주 익은 포장마차 앞에 머물고 있다

한잔 술에 마른 하늘이 씻기고
매듭진 살타래 끝이 보일 무렵
술잔에 고인 달빛을 건져내
식어가는 가슴에다 걸어두면

붉게 타오르는 가슴이 커지고
넘쳐 흐르는 술잔에 하늘 담아
단숨에 들이키며 하루를 잊는다

고샅길 오르는 발자국 풀어져
갈지자로 굳어진 언어들
입술 위에 헛돌고
지난 시절의 나이만큼
빛의 아픔이 묻어오는 밤

겨울바다

배태* 검푸른 바람 껴안고
뭍을 향한 천만 이랑으로 철썩이면
끝없이 부서지는 파도의 어울림이
해벽에 떨어지는
달빛 젖은 눈물 건져 올린다

시작도 끝도 없는
정밀이 수평선 긋고
푸른 물로 채워진 무거운 바다
억겁의 짐 부서지는 절규를 줍는
겨울 새들의 발자국을 따라가면

얼지 않는 물에 노을이 잠기고
고향 잃은 바람들과
슬픈 파도에 뒤엉긴 섬들이 낭송하는
겨울바다가 통증을 앓는다

* 배태 : 육지에서 멀리 떨어진 바다 위.

제 3 부

소금꽃 둥지

소금꽃 둥지

발 없는 새벽
흐르는 물 따라
지나간 난세의 우울을 만진다

꽃보다 고운 시절 허리 꺾고
밥그릇 따라 이삭 줍던
영혼의 소리를

나뭇가지 흔드는 바다 바람
소금 물고 수없이 뭍으로 오르다
길 위에 널려 있는 값싼
무수한 노동력과 어울리면

땀방울 퇴비로 뿌린 무게로
또 다른 세상의 너울로 나래 펴며
내일의 향기에 지문이 문드러지는데

투박해진 손등 따라
뜨락에 가득한 꽃향
땀 먹고 자란 벼이삭 가슴에 안기면
꽃대 든든한 둥지의 향기 한 움큼
가는 날 발자국마다 즈런즈런* 밟고 가리

* 즈런즈런 : 살림살이가 넉넉한 상태.

오늘

한번밖에 없는 생애
살아갈 수 있는 처음의 날을 깨우면
햇빛 맑은 아침이 먼저 웃었다

이미 헤어진 먼 어제는
살아온 가슴앓이로
굵은 나이테로 잊혀져 가는데

오늘을 헤어지는 나그네의 삶 같이
아무도 내일을 기약할 수 없으나
언제나 꿈이 있는 길이
늘 아름다운 태양과 함께 할 것이다

언젠가는
다시는 돌아오지 못할 강물이 되듯이
오늘의 무게로 만들어지는
생生의 작은 무늬들이
순간의 사라지는 미소로
하루를 답해 주는 날

보릿고개

서리 맞은 파란 눈들이
들판을 가득 채우면
노고지리 허기져 노래 그치고
계절보다 일찍 온 송화가루 날리면

배움 접고 밥그릇 따라 떠난 누이
눈썹 그늘에 찬 쓸쓸한 뒷모습은
울엄마 시린 가난의 눈물이었다

찔레꽃 빈 가지에 바람이 살고
어린 손들이 시린 물꼬 흔들며
밑거름 뿌려준 지난 시간들이
청보리 파란 꿈으로 헤엄칠 때면

누런 청보리 물결치는 이랑마다
눈빛 여문 노고지리 더욱 높이 날고
울엄마 환한 숨결이 마중하던
찔레꽃 향기로 오던 내 누이여

자갈치

바다로 가고 싶은 넙치 꼬리지느러미가
종일 낮은 좌판을 두들기고
돌아누운 고등어 언 눈이 붉다

아지매 손에 잡힌 숭어가 몸부림칠 때
너울 파도에 신명난 갈매기들의 합창이
질펀한 길바닥을 헤엄치는 오후

어부가 부려 놓은 바다의 장어들
연탄불 위에서 꿈틀거리면
둘러앉은 사내들 근육이 일어서고
취기로 물든 서녘 하늘이
벌써 비틀거린다

어둠이 와도 어둡지 않은 바다
붉은 아가미가 토해내는 적조가
네온사인으로 더욱 짙어지면
바다를 세일하는 갈매기들도
서둘러 날개를 접고 둥지로 돌아간다

이제 바다는
내일을 위한
깊은 명상을 가질 것이다

여름 해변

땡볕 속에서 바람도
잠시 날개를 꺾었다
식은 땀 흘리는 태양이
구름 속에 들고
수평선이 보내주는 파도 속으로
아이들은 알몸으로
자맥질이 한창이다

벌거벗은 백사장에 출렁이는 파도
젊은이들이 파도타기를 한다
수천의 사람들과 함께
바닷물이 말라 섬이 될 때까지

원시와 낭만이
사람들과 어울려 함께 추는 춤
지치지 않는 파도가 계속 온다

사람과 파도 사이
땡볕이 먼저 지친다

바른 말 고운 말

해맑은 눈빛 읽으며
흑판에 주훈 쓰고
고운 말이 하루가 되는 맑음
작은 물무늬보다 고운
배움에 목마른
오늘을 출렁이는 교실을 본다

순간 바른 말을 벗어난
심장이 지저분한 짙은 농農을
교실 바닥에 토해낸 마른 입술이
푸른 꽃대 꺾인 울음소리로 흘렀다

주훈은 창밖에 굴러다니고
메마른 바람이 허둥대다
꽃가지 잡으려다
바르고 고운 가지 크지도 못한 채
발바닥에 깔려 오늘을 신음하는 날

언어들의 덜 익은 찌꺼기 쓸어내리며
거울 속 비집고 들어오는 바르고 고운 말
한 세상 교훈의 지킴이가 된다

간고등어

몇 굽이 재너머 오일장 서는 날
할머니 치맛자락 엉너리는
석이 에움 돌며 넉넉해진
장터 구경에 발바닥이 아팠다

얼음 조각 덮어쓴 좌판을 건너
한물 간 눈빛 사린 몸 배를 갈라
살속을 비집고 드는 왕소금 한 움큼
간고등어 깊은 푸른빛에
마음 뺏기던 날

먼 바다 갯내음에 취한 손자들
어린 입맛 키운 밥상머리에
군침 도는 살점으로 뚝뚝 떨어져
왕성한 식욕으로 푸른 바다를 먹는다

무릎에 이는 바람

밤새 창문 밖에서 앓던
무릎 부비던 한 움큼의 바람이
한 고독처럼 우울을 만지며
천천히 꽃처럼 피어오른다

튼튼한 날개 달고 낙조길 오르며
낭만을 이야기하던
지난 날의 빛바랜 잔영이
시린 의자에 다리 꼬고 앉아
가파른 계단 내려오는
오금이 저린 나를 본다

다시 바람 일으켜 두 다리 세우고
옮긴 발자국마다 소리없이 오는 노을
제 몸 아닌 무거운 몸 닫은 채
나이테 굵은 나무처럼
오늘도 바람이 이는 길이 멀기만 하다

소리 잃은 메아리

한 줄 편지를 쓰다
하얀 새벽녘 별이 지고
가슴에 못다한 사연들 돌아누우면
북녘 하늘 맴돌다 사라지는
허리 잘린 언어들

시간을 붙들지 못해
수선거리는 바람에
물든 나뭇잎에 달빛이 먼저 눕는다
못다한 여백에 하늘자락 가득 채워
수취인 불명인 명천천에 급전을 띄우면

유년을 낳아준 길에 뿌리로 남아
언제나 가슴앓이로 오는 노스탤지어
칠보산 병풍바위에 소리 잃은 메아리로
먼- 훗날
탈색된 내 이름만 백골로 남을지니

코스모스

시골버스 다니는 신작로에서
한참 들어오는 정문 앞
자갈 길섶 코스모스 꽃길은
늘 즐거움으로 나붓거렸다

곧게 벋은 꽃길을 따라 등교하는
꽃보다 고운 재잘거림들
발길 멈추고 섞여 술렁이는
자연의 순박한 몸짓들

꽃숨으로 피어난 설레임으로
꾸밈없는 빛깔의 향기로
운동장 가득 핀 꽃발 휘감는 햇살이
더없이 아름다운 날

오리구름 서녘 길에 기울고
궁류천 맑은 물에 수줍게 꽃잎 뜨면
가녀린 허리에 지문 남기고 가다가
꽃길 옆에 스냅사진처럼 서있는
내가 보인다

고드름

겨울나무에 환하게 핀 설화
산촌 초가에 매달린 꽃자리인가
눈물로 방울지며
거꾸로 자라는 짧은 생애

온도계의 눈금 따라
문풍지 소리내 울던 밤
시린 발끝에 쌓인 어둠이
뜬눈으로 아침을 맞으면

처마 끝 눈부신 볕에
방울방울 고인 물 담금질하면
낙수물로 씻은 몸
바닥에 안기는
처연한 저 미소

버팀목

문득 솔향 바람에 몸이 젖어
느티나무 가지가 손짓하는
땡볕의 여름을 지나

굽어진 길목마다
빛 밝은 순수를 담고
휘어진 등골의 무게로 부목이 되면
푸른 가지마다 단단한
기둥의 멋으로 온전하다

마침내 청자빛 하늘이
깃을 내리고
솔향 만리 향기로움으로 오면
푸른 둥지에서 유월을 노래하는
새들의 입담이 되는 거목으로
올곧은 가지들을 거느리다

매미의 장송곡

어둠 깊게 묻힌 창을 열고
긴 인내로 지킨 아픔
마침내
절규로 토해내는 하얀 노래

밤이면 긴 세월 아래
단단한 허물 껍질을 벗고
달빛에 알몸 헹군다

먼 길 달려온 잔가지에
이별을 노래할 순간
이리도 짧은데
서녘 노을로 부서지는 아픔

다하지 못한 설움에
온 천지를 피울음 울어도
상채기 깊은 한 생애

허무로 저무는 것을

낙엽을 밟으며

꽃보다 더한 옷으로 치장하고
온 거리를 채색하며
모꼬지* 물결로 노랗게 흔들렸다

멀리 돌아온 길에
가슴 벅찬 구름으로 밟으면
낙엽의 작은 신음 소리도
노래가 되는 시월

책갈피에 잠든 은행잎 하나
그 시절의 저녁 노을처럼
유년의 옷깃을 이끈다

* 모꼬지 : 여러 사람이 놀이나 잔치 또는 그밖의 다른 일로 모이는 일.

어머니의 여름나기

유월 염천에 타들어가는 들녘
불볕 토하는 매미 소리 피울음 울 때
어머니 곰삭은 장롱이
베틀 소리로 울컥 열린다

땀또야기* 맞춤으로 등장한
삼베 홑이불 방마다 색깔맛이 시원하고
오월 단오선이 목침 돌리면
베잠방이 줄줄이 여름을 벗는다

지친 초록이 까맣게 타버린 얼굴로
열 식구의 농익은 보신탕이
땀밑창으로 가마솥에 불타고
곰국같은 질곡으로 살아온
한여름이 한꺼번에 끓는다

*땀또야기 : 땀띠.

촛불 들고

세계로 한 가슴 안고 선서했던
눈빛 고운 소녀들의 총명으로
오솔길 따라 별이 내리면
거룩한 듯
촛불 한 자루씩 나누어 들고
오색실로 꿈 엮어
나의 길을 열어보던 날

뜨거운 눈동자로
흐르는 촛농 바라보며
내 생의 촛불 태워 세상 밝히고
내 생의 촛불 태워 세상 사랑하고
내 생의 촛불 태워 세상 거름 되어
준비된 열두 규율 하나로
세계의 꿈 안아본다

옥빛 맑은 하늘 푸르름으로 오면
사랑과 봉사로 오는 자연의 둘레에
보람으로 거듭나는 스카우트 발자국이
청정한 내일의 늠름한 나무이듯
촛불 들고 한세상 버팀목 되어 주리

제 4 부

봄이 오는 소리

대쪽 소리

눈이 부시도록 청정한 대숲 이루고
푸른 날개로 박꽃 하얀 초가집 품으면
연초록 꿈 깬 죽순들이 다투어 일어선다

욕심 벗은 곧은 마디 마디
하늘로만 치솟고
푸른 잎들이 청죽비 소리*로 노래하면
웅장한 숨소리 너울 파도처럼
만리길 출렁이는 것을

빈 발자국에 별이 내리면
자유로운 빈 손에
꺾이지 않는 천연의 대쪽 소리
이랑마다 울대로 선다

서로 엉겨잡은 손 천년을 지키고
올곧은 허리 둥지 숲 버팀이 되어
청정한 취죽*의 올곧은 길을 배우는
저 소리 깊은 맑음

* 청죽비 소리 : 마르지 아니한 대 소리.
* 취죽 : 푸른 대나무.

대천천에 듣다

먼 계곡의
산기슭을 돌아오는 물소리 따라
밤새도록 여울진 하얀 물방울 소리로
귀 밝은 시낭송을 듣는다

달빛 부서지는 심장 굳은
너럭바위에 앉으면
애기소에 발 담근 별들의
애달픈 전설의 묵독을 들어본다

아래로 아래로 내리다
나뭇가지 흔들던 바람에 발 담그고
빌딩 숲 끌어 안으며
푸른 꿈들의 웃음 소리에
잔잔한 물결의 소리로 화답하며

마침내
목청 높은 여울로 흐르던 대천천이
느긋이 손잡아 주는 낙동강에 이르면
제 이름 벗어 강물이 되는 그쯤서
노을 깊이 물든 낭송을 마무리한다

오뚜기 시절

오늘
순간 비바람 몰아치면
깊은 날개의 상채기로
길 잃은 시간들이 어둠이 된다

도도한 물줄기 속으로
회전목마는 마구 돌아가고
발등 적시는 푸른 꿈이
상실된 의식으로 곧추서면

나락奈落에 허덕인
할퀸 아픔 쓸어 안고
작은 촛불 밝힌 책갈피마다
꺾인 가지들이 다시 일어서는데

오늘
접은 날개 다시 퍼덕여 비상하는
세월 역류하던 시절의
젊은 오뚜기여

받진고리

구멍난 양말에 전구알 끼어 깁던
빈 자리에
어머니의 체온이 따스하고
손 시린 흔적 별빛 되어 흐르는 오늘

어머니 내음 한 움큼 꼭 쥐면
가슴 죄이는 아픈 가시로 박히고
잠 못 이루는 베갯잇이 눈물로 온다

마지막 생을 달구던
저린 손끝이
다소곳한 사랑으로 꽃피면
눈물로 얼룩진
어머니의 거울이 보인다

겨울나무

매양 그 자리 그곳에서
눈비와 세찬 칼바람에도
온전히 상처 깊은 세월 견디며

우죽이 잠들지 못하고
따가운 여름 햇살과
불면증으로 지샌 적요한 가을밤도
나이테 하나 기록하며

산능선을 넘어오는
봄햇살 기리며
내 안의 온기 불러
스스로를 일으켜 세우는
거룩한 일념이여

팍상한 폭포*

장엄한 함성이 천지를 진동하면
푸른 안개 은방울떼로 일어서는 저 위용
언어 잃은 길손들
빈 몸으로 돌아온다

용솟음 치는 물길에
놋대 잡은 사공의 눈물이
솟구치는 물꼬리로 깨어나고
수직으로 굳어버린 정신이 까무라치면

물의 꽃으로 피는
저 경이로움
살아 귀청 때리는 곧은 소리로
한없이 낮아지고 좁아진 두 어깨로
말갛게 씻은 포말로 장관이 되는
천혜의 비경

*팍상한 폭포 : 필리핀에 있는 폭포.

부러진 분필

배움에 목이 마른 작은 묘목들
별빛 떨어지듯
분필가루 헝클어진
햇빛 가린 시간에 몸을 기대고
똑같은 내용 귀청 때릴 때마다
난세의 바람에 꺾인
발자국마다 가슴 시렸다

허기진 보리고개
풀잎마저 고개 떨구면
빈 가방 무거워지는 공납금
게시판에 붉은 줄 그어진
어깨 처진 가난이 더욱 면목이 없어

하늘 가린 그늘에 앉으면
온기 배인 책상들의 언어가 끊기고
이름 지워진 자리에
쓸쓸한 바람만 불어
점수에 허덕인 빛 잃은
희망길 돌아보며
남몰래 시린 속울음만 삼킨 것을

봄이 오는 소리

겨울을 앓던 강둑에
봄비 지나고
다투어 눈트는 새싹들의 소리에
놀란 멧새들 나뭇가지에 앉아
목청 다듬으면

얇은 햇살 한 움큼 양지곁에
빈 가지에 물 오르는 소리
긴 들길에 아지랑이 멀미로 설레이면
개울가 버들강아지들
먼 지평을 향해 피리를 분다

부지런히 숨고르는 여물 사이로
새옷 단장한 들녘들
가슴 설레는 이른 봄

캠프촌

계곡 물소리 더욱 투명한
숲속의 해맑은 새벽은
새들의 상쾌한 부리로 열린다

회원끼리 동무하며
실타래 풀어놓는
세월 이야기 분주해질 때쯤
어우렁더우렁* 신명 속에
더욱 돈독해지는 우의

숲속에 별이 내리는 밤이면
삭정이 모닥불로
손 끌며 돌아가는 춤사위
더욱 정겨운데

밤이 이울도록 숲을 거니는 별빛들
도란도란 묻어오는
옛이야기 들으며
재 넘는 그믐달
먼저 웃음짓는 야영장

* 어우렁더우렁 : 여러 사람들과 어울려서 정신없이 지나는 모양.

새벽

저문 별들이
새벽으로 기울면
홰치는 닭들의 목청으로
여명은 마당 빗자루 끝에서 온다

어둠이 쫓겨가는 골목길엔
언어들의 경쾌함이
하루의 시작을 알리고
구겨진 낙엽들 사이로
푸른 햇살이 굴러다닌다

새마을 노래가 새벽잠을 깨울 때면
아침을 찍는 발자국마다
땀방울 맺혀지던 그때
새벽을 저녁같이 살았던
보람찬 한 시절들

느티나무숲

추운 별이 내린 골목길을
맨발로 뛰어다니던 유년은 그렇게 가고
동구밖 느티나무숲도 늙어
길게 뻗은 신작로가
굽이굽이 희미해질 때쯤

허기진 낯선 길에
꿈을 줍다 잃으면
길 잃은 소리들이 줄장미로 번져나고
불면증 앓는 저 가로등
바람을 뒤척이다
강을 건너 발을 씻는 중년쯤

작은 씨알이 곧 행복이라는 것을
좁은 길 비집고 할 수 있는 일이
나의 길이라는 것을
알 것만 같은
저 깊은 느티나무숲의 속을
볼 수 있을 것 같은 나이쯤

바다에서 배우다

바다가 출렁이는 교실에 서면
하늘이 친 울안으로 시선이 걸리고
갯내음 잔잔한 실바람에 빗긴
긴 머리카락이 파도를 탄다

넓은 바다의 무수한 깊이로
숨결소리 비늘 조각으로 퍼덕이고
해벽을 때리는 물의 상처
서러운 갈매기 울음소리로
물 끝에 부서진다

쉬임없이 흔들리는 젊은 바다
바람 껴안고 목쉰 너울로 돌아오면
신선한 교실에 눈빛 맑은 향기
봄 놀던 숨소리에
다문화가 꽃을 피운다

코스모스 1

고향 언덕배기에 긴 목 세워
창백한 얼굴로 기다리던
갈래머리 소녀
연분홍 고운 입술 가날프게 묻어나면
빈 하늘 오리구름 쓰러진
가을이 앓는다

꽃길 걷던 바람 발자국마다
향기로 고이고
하얀 꽃 살빛 고운 눈매로 길 트면
화사한 순수로 기다리던 길섶에
그림자 짙은 노을이 허한 가지에 눕는다

귓불 발갛게 물든
내 안을 결코 지울 수 없어
봄은 아직 산 너머에
마른 꽃잎 달고 서성이는데
노을 무렵이면
언제나 긴 목 세우며
해지기로 서있던 그 소녀

길 잃은 아이들

화약 냄새 지나간 한길 가에
유월을 사는 언어들이 병들고
아직도 수습하지 못한 전장터는
불타 버린 씨앗으로 떠도는데

맨발로 가는 길이 가팔라
목쉰 아이들의 깊어진 눈에는
허기진 노을이 짙다
바람이 기대고 지나간 담벼락에
여울진 밤이 혼자 떨고 섰는 섣달쯤

부모는 어디 갔는지
벽틈으로 새어드는 한기에
밤새 돌아눕고 보채어도
내일이면 강물은 구름 그림자로
깊어만 가는 것을

나에게로 가는 길

운동장 가득 채우던
별들이 떠나 버리고
퇴임의 길목에 서성이며
문학촌 가는 저문 길이
소리 없이 모닥불로 타오른다

강물에 내 안을 씻으면
그믐달 말없이 물속에 잠길까
별빛으로 쌓이는 물무늬
은빛으로 새기며 흘러가는 날

새벽잠 설친 언어들의 유희에
만월로 들뜬 어린 감성이 분별 잃고
귓불 붉어지면
나이를 잃은
또다른 언어들이
나를 무등 태우며
새로운 길 하나를 열다

어머니의 바다

여름이 지나가는 산복로에
눈먼 바람이 잠들고
숨찬 판자촌 루핑지붕이
땡볕에 지쳐 사지를 늘어뜨릴 때

다목적 큰 다라이에
부지런이 물 채우라시던
엄마의 가난한 미소는 보이지 않았다

수평선은 보이지 않아도
작은 우끼도 갈매기도 띄운 그 바다에
푸른 하늘이 내리고
웃음 출렁이는 유년시절
그저 우리 형제는 시원했다

여름을 벗는 물장구에
일곱살 이 빠진 웃음이 터지고
가끔 아우성치는 파도를 보며
허기진 가난도 큰 소리로 웃었다

언제나 바다 넓이로 품을 여는 어머니와
수평선 너머로 오는 가난한 언어들이
지금도
별빛 쏟아지는 뜨락의 출렁이는 바다로
내 가슴에 밀물져 온다

제 5 부

광장의 하루

조약돌

파문이 나의 상처다
오랜 시간 몸 씻으며 굴러서
모난 성깔 죽이고
상채기 깊은 육신으로
속울음 삼킬 때
하늘을 바라보며
투명한 이불을 덮고 누우면

작은 바람에도 이는 물결에
어두웠던 지난 날의 보행이
은하수 무리로 깜박거렸다

먼 길 돌아와 깊은 물에 들어
청정한 물빛으로 눈 밝히고
굳어버린 언어를 풀어내면
아 멀리 가는 나의 노래여
파문으로 얼룩진 나의 꿈이여

봄마중

풀잎 마른 언덕에 잔설 녹으면
겨울 떠난 발자국마다
햇살 차오르고
가지 끝에 앉은
봄눈과 눈을 맞춘다

양지녘마다
소란스런 연두색들이 들썩이고
빈 가지마다
물오르는 소리
입덧하는 봄이 몸살 앓을 때쯤

는개 걷힌 강에 젖은 바람
햇살 한 접시 가득 담아
초록이 오는 식탁 위에 놓으리

대천천

긴 가뭄에도 맑은 천변에
냇버들 지긋이 몸 담그면
잎맥 따라 멧새 목청 다듬고
여름 골바람에
녹음은 더욱 짙어지는데

물 밟은 싱그러움을 끌어안고
잠자리채 대바구니에 어정이는
피라미떼 쫓아 헤매노라면
물무늬의 함박웃음에
여름 벗는 하루해가 즐겁다

끊임없이 빗질하는
물무늬 바라보며
세월을 잔뜩 짐진
징검다리 깔고 앉아
발부리에 물방울 제 몸 말리면
먼 데서 부르는 어머니 소리에
강둑에 선 칸데라불로
반가이 맞아주는 대천천변

졸업여행

– 초등학교

한 주 내내 교실 게시판에 붙은
수학여행 안내 첫 귀절은
"함경의 금강은 자연이 베푼 축복이다" 로
졸업 여행의 설렘은 더욱 앞질러 갔다

아흔 아홉 굽이마다
메아리로 오는 노랫가락에
숲속의 장끼부부 푸덕이고
이름 모를 멧꽃들이 지천으로 다가오면
환성으로 화답해
온 산야가 흔들렸다

앞서가는 홍엽 불노을에 넋을 잃고
억겁을 침묵한 절경들
옥태봉 천불봉 수려한 허리에 휘감긴 운무
천사의 날개자락 춤사위 고운
칠색 무지개의 꿈으로 어깨가 출렁거렸다

상기된 얼굴들이 늘어선 만물상 앞에 숨 고르며
풍금바위, 병풍바위, 장군바위, 농부바위…
선생님이 이름 부를 때마다 박수로 들뜬
절경에 취한 하루는
정녕 꿈이었다

정수 덮고 앉은 홍엽의 계곡
시원한 물 한 움큼에
온몸이 달아오른 열 식혀 내리고
태초의 정적을 깨운 축복의
먼 곳 개심사의 범종소리 나를 깨웠다

허리 잘려 고향 가는 길 막히고
나이테 굵은 바람만
노을 속에 속울음 삼키면
북녘 하늘 날아가는
외기러기 더욱 부러운 날
살아생전
칠보산 관광 특구 이루어지면 얼마나 좋으리

여름바다

출렁이는 바다가 좋아
가슴 설레는 마음으로
천만 이랑을 눈에 넣어 본다

강렬한 햇살은 모래톱에 부서지고
비늘 같은 달빛이 수평선에 걸린다

제 몸 흔들며
바람은 파도를 타고
수평선 높이
조각구름을 띄우면
괭이갈매기떼 솟구치는

알몸의 바다 위로
싱그러운 물꽃들이 피고 지고
좀더 깊어진 바다가
종일 수평선을 금 긋는다

광장의 하루

빈 마당 널브러진 낙엽 위에
늦은 밤 달빛만 높아가는데
창밖 어둠이 열리면
일상의 별들이 일어선다

하늘가엔
허공의 날재짓으로 모이 찾다
일제히 날아오른
비둘기 소리 소리들

오늘이 서성이는
갈등 속에
창백한 가로등이 불을 켜면
가슴에 묻힌 사연들
오늘의 촛불을 삼킨다

밤 지나고 나면
유월의 창을 뚫고
비둘기들이 날아가 버린
환하게 트인 광장에서
열린 아침의 외침을 듣는다

민들레

흙내음 나는 곳 어디에서나
지천으로 돋아나도
돌밭에 발붙인 노란 꽃 민들레
밤이면 먼저 별을 품고 잠든다

돌틈새 창백한 꽃대궁이 솟구쳐
이슬로 목 축이며 핀
저 아릿한 꽃송이
별을 향한 그리움의 가슴앓이로
바람 끝에 홀씨를 내던지며

산지사방 흩어지는
수줍음들이
별빛을 토해내는 밤
어느 목마른 창가에 닿아
일년을 하루같이
빛나는 태양으로 걸어둘까

노년의 뜰

어느덧 나이테가 은발을 가져왔다
은은한 봄날의 그늘 속에
숨 멎은 채 누워 있으면
휠체어가 홀로 체온을 버틴다

흘러간 물소리 따라 울먹이던
굴곡진 굽이에 발을 씻었다
묵은 때 무게 만큼이나 허둥대던
바람은 고요를 삼키고

빈 벽에 걸려 멈춰선 시계
녹슨 바늘이 6시로 떨어지고
숱한 꽃들이 떠난 빈 뜰에
잡초는 저마다 여문 풀씨를 숨겼다

시간의 더께가 쌓인 이랑에
남겨진 발자국의 이삭을 줍고
뿌리 깊은 밀어로 흔적을 달래면
어느덧 머릿살 어지러운* 가을도 저문다

* 머릿살 어지럼 : 마음이 어수선하다.

찔레꽃

산비알 기슭에 발자국 멈추면
어매 닮은 찔레꽃 내음
연한 새순 입에 물려주던 유년이
더욱 생경한데
물알 듣는 목마른 이랑마다
허기진 등허리 수액 빠지고
말없는 꽃잎 먼저 지면
목메기 산록대 흩고 지나고
하얀 꽃향 바람에 묻어오면
천년의 노을로
하루해가 멈춰선
산 그리매 이슬진 눈가에
어매의 내음으로
옷깃이 먼저 젖는다

오륙도

새벽이 열리는 붉은 파도에
말갛게 씻긴 바다는
하늘보다 먼저 수평선 긋고
저마다 바위섬 껴안고 철썩인다

하루해 저물도록
바위섬 나타났다 뒤척이며
너울파도 해벽을 때리면
젖은 섬 사이로
해풍 부서진 이랑에
갈매기 깃털이 더욱 고운 날
연안 해안선의 유람선
섬 찾아 뜨고
뱃전을 흔드는 하얀 거품
꼬리 물고 따라오면
오륙도 건너
해무 낀 봉래산은
눈속에 담긴 한 폭의 수채화다

어두움이 내리고
먼 산 배경으로 등대섬 심지 돋우면
끝없이 열린 밤바다에
파도 베고 누운 섬들과 함께
먼 도심을 통과한 불빛들이 등대가 된다

나의 길

뿌리 깊은 나무는 가지가 많다
눈빛 맑은 별들이
가지에 초롱초롱 열리고
닦을수록 빛이 나는 눈동자
맨발로 뛰고 봄놀다 오면
나는 나무가 되어
언제나 별을 키운다

잎잎마다 눈빛을 걸어두고
길을 열어 먼 지평을 보여주면
먹구름 헤친 별들이
사막의 등대가 되기도 하고
정글 속 우물이 되기도 했다

어느덧
내가 세상의 진리를 터득하고
가지를 떠날 때
민들레 홀씨가 발등에 떨어져
훈장 모양의 하얀 꽃을 피웠다
별이 남기고 간 흔적일까
꽃향기 취한 내가
세상을 향해 박수를 쳤다

조기 게양하는 아침

유월이 오면
소쩍새 울음소리에 깨어난
고독한 젊은 영혼들의 절규가
순백의 통곡소리로 밀려온다

비명에 간 젊은이들이
처절하게 산화한 자리
도도히 흘렀던 붉은 강물은
애틋한 사랑이
애국이란 작은 씨알 하나 오롯이 지켰다

길 잃은 바람 허리 꺾인 채
통곡하는 역사의 아픔이
무정한 긴 세월로
더욱 애달픈 지금

온기 잃은 유월의 아침
하늘 높이 올린 조기 펄럭이는
태극기 우러르며
틈 없는 국방에 두 주먹 불끈 쥐어보면
나라 위해 희생된 그들이
점점 커 보인다

유월이 오면

한세상 살기

– 동창생 팔순기념에 부쳐

눈이 큰 친구야
은빛 머리칼 햇살에 고운
팔순의 혜안으로
오늘 한 자리에 앉은
네 모습이 정겹구나

꿈을 함께 뛰놀던 교정
꽃향 곱던 묵은 정이
그 세월이 어제인 양
꽃씨처럼 쏟아지는 추억에
가슴 벅차 오는구나

손이 고운 친구야
보고 싶었던 마음 안으로
민들레 씨앗 흩날리듯
멀리 떨어져 있어도
그리움으로 남는 얼굴들
지금 푸른 꿈으로 설레는구나

눈이 깊은 친구야
어렵고 힘든 고난으로
이 땅 지켜온
장한 세월 아니더냐
지난 세월의 흔적들
오늘 은빛 훈장으로 빛나는구나

손이 따뜻한 친구야
이제 연락이 끊긴 전화번호 지우듯
살아온 좋은 기억만 생각하며
날마다 감사하며 살자
우리 그날이 올 때까지

광안대교

일렁이는 쪽빛 바다에 발을 담그고
성큼성큼 걸어 물을 건넌다
어디로 가고 싶은 마음이더냐
해조음에 마음을
정갈이 씻고서
우뚝 솟은 네가 날아간다

너는 꿈을 껴안고 종일
누굴 기다리나
환하게 불을 밝히고
잠들지 못해
별이 모이는 해안에서
오늘도
비익조로 날은다
하늘나라 먼 곳까지

응어리

자기 역할도 제대로 못하면서
언제나 일그러진 달로 떠서
젊은 에미 날선 주먹에
한줌의 넋두리로 휘어지고
늘 심장을 쪼아대던 지난 날

앙금의 멍울을 안으로 삭이며
멀리 허공에 뿌려도
모진 바람에 찢긴 깊은 생채기
이리도
가슴에 또렷하게 살아남는 것을

얼룩진 눈물 옛이야기로
더이상 부서질 것도 없는
생채기의 흔적
오늘도 발 아래
아픈 강으로 흐른다

향수

산비탈 돌밭 찔레꽃 피는
오월이 오면
어매 무명 저고리에 소금꽃 피고
꽃향 절여진 손마디 긴 숨비로 묻어온다

길 잃은 바람 나무 끝에 뒤뚱거리고
마른 발자국마다 길을 열고 앉아
갈 길 먼 벌판 앞에 서서
강물로 소리 죽여 밤길을 간다

메아리쳐 뼈속까지 울리는
노을 속 떠오르는 푸른 별빛
벗은 발등이 붉은 어매가
곰삭은 눈물 돌아서서 훔친다

| 방옥산 작품 해설 |

개성과 독창성을 가미한 향토적인 서정시편

시인 崔東川

개성과 독창성을 가미한 향토적인 서정시편

– 방옥산 시인의 시 세계를 조명하며

시인 崔東川

방옥산 시인이 지향하는 시세계는 대자연을 매개체한 서정적인 면모의 향토적인 시와 수많은 격동기와 격변기를 겪은 우리 민족의 애환과 혈연을 중심으로 한, 애향적 연결고리에서 오는 인간애가 남다른 애증으로 발효된 시들이 주류를 이루고 있다.

어쩌면 인간 본연의 순수한 감성 안에 자리한 자아를 꽃과 풍경들을 조화 대비시킨 과거 회귀론의 회상을 유추하고 있는 그의 시의 본질은, 신선미를 가미한 소박하고도 진솔한 시어들을 창출하는 폭넓은 싯적 높이에서 온다고 보여진다.

이제 그의 시를 일별해 보며 감상해 보자.

천년을 두 줄기로 길을 열었다
꿈틀거리며 달리는 열차의
묵직한 쇠바퀴 소리
하늘을 찌르면

침묵의 나무토막 깔고
햇살 곱게 나란히 누웠다

숨소리 고르며 손 한번 잡을 수 없는
애달픈 발자국에 고인 눈물이
숨비의 평행선으로
굳어 버린 육십여년

한 생生의 목마름 토하며
은빛 소원처럼 삼천리 길 열어
실향의 꽃열차 삼천리를 달리는
꿈에도 목메이는 그날
언제 오랴

———「철길」 전문

철길은 두 길의 레일로 평행선을 달린다. 결코 한 가지의 목적과 이유로 출발하지만 영원히 만나지 못한다. 뜻과 이해를 같이 하면서도 무한과 유한 사이에서 각자의 기능과 의무를 다할 뿐 서로 합일점으로 만나지 못하는 어쩌면 상극 관계인 것이다.

멀리서 보면 소실점으로 만날 것 같이 보이는 이 길은 영원한 평행선으로 마무리된다. 회화적 요소로 시작하여 의미적 요소로 마무리된 이 시의 이미지image는 조국 분열이다. 하나의 개연성probability을 감동적emotion으로 마무리한, 여기서의 철길은 남과 북으로 양분된 우리 조국을 의미화하고 있다.

처절한 동족상쟁으로 사상과 이념의 이데올로기로 분단된 지 어언 육십여년이 넘는 이 비극적인 현실을 통렬히 애통해

하면서도, 어쩌면 먼 날의 통일의 소망을 염원하는 시로 삼천리가 하나되는 꿈과 희망의 끈을 결코 놓지 않는 실향민의 피끓는 절규가 전연을 지배하고 있다고 하겠다. 논리적인 비약을 삼간체 감성에서 오는 희망적 견해를 정감 넘치는 시어로 유화한 점이 돋보이는 시이다.

나뭇가지에 마른 바람이 울고
기둥을 떠받들던 버팀목이 떠났다
속울음 삼켜온 상처 깊은 모습들이
노을 붉어진 강물로 흘러갈 즈음

숱한 그늘을 밟으며
푸른 입술 삭정이 더듬고
지치지 않는 죽풍의
빈 항아리로 견뎌도
짙은 그림자로 남는 빈 하루

저녁 노을
길게 누운 강물을 보며
아픔으로 다가오는 추억들
어둠에 싸인 플랫폼에선
강물이 쉬임없이 흘러 내리는데

인적 끊긴 산모퉁이마다
우우 부는 바람들
지나가는 길손들의 발자국 지우며
늦게 당도한 완행열차 떠난 뒤
저홀로 철길을 밝히는

달맞이꽃 하나

———「간이역」 전문

강마을의 간이역의 가을은 더욱 을씨년스럽다. 여기서는 첫 연의 시작을 주목할 필요가 있겠다. 〈나뭇가지에 마른 바람이 울고/ 기둥을 떠받들던 버팀목이 떠났다〉란 가을이 지난 첫겨울을 표식하며, 어쩌면 한 가정을 영위하던 가장이 떠난 뒤의 그리움의 애환과 하나의 성공을 기원하는 혹은, 뜻깊은 마무리를 온전하게 소원하는 달막이꽃을 맨끝연에 도입함으로써 이 시의 진정성을 높이고 있다.

향토적, 토속적인 배경으로 은유metaphor가 각 연마다 동질성의 연결고리로써 구실을 하는 것과, 주제를 소화하는 소재들이 향토적인데 근거함으로써 우선 친근감을 더하고 있다.

여기서의 강물은 시간과 세월이 지니는 개념을 말한다. 전자에도 언급했듯이 가난을 극복하고자 식솔들을 두고 떠나고 보내는 이의 그 마음의 정도인 2연 〈숱한 그늘을 밟으며/ 푸른 입술 삭정이 더듬고/ 지치지 않는 죽풍의/ 빈 항아리로 견뎌도/ 짙은 그림자로 남는 빈 하루〉는 참으로 처연하고 눈물겹다.

어쩌면 오랜 세월동안 조상 대대로 살아온 향리인 강을 배경으로 마주하고 있는 고향을, 쓸쓸한 간이역을 상징적으로 대비시키며 떠날 때 마중하고 배웅하는 것은 오직 '달맞이꽃' 하나란 의미의 자연적인 구도를 도입한 것은, 하나의 재생적인 희망의 끈을 놓지 않으려는 의지와 서경적인 수사로서 인간애적인 시로 평가할 만하다.

고향집 떠나던 날
당산나무 가지에 얹히는 삭풍을 뒤로
함박눈 길을 발걸음 재촉하던 어매
가락지 빼어주며 명命 지키라며 등 떠밀었다

길 없는 어둠이 좌우로 흩어져
매서운 바람이
빈 하늘을 흔들던 지난 날
피 말리며 견딘 남은 체온으로
문 밖에 까치발 그림자로 서서
어매를 그렸다

언 땅 찬 바람 담금질로 명命 지키며
나이테 하얀 당산나무에 달이 걸리고
언젠가 별빛이 고향집 마당에 내리면
문 밖에 어매 가락지 띄워 드리리

———「가락지」 전문

참으로 애잔한 슬픔의 시이다. 흔히 반지로 일컫는 가락지는 언약과 지조의 증표로 오랜 세월동안 우리 민족에게 회자되어 왔다. 실향민의 애환이 서린 이 시의 주지적 개념은 혈육을 위한 모성 본능에 기인한다. 각 연마다 서정성lyricism 짙은 뉘앙스nuance를 재촉하며 차분한 시어로 주제를 이끈 솜씨가 참으로 눈부시다.

6 · 25동란 중의 어느날 어머니는 딸과 일부 가족들을 피난시키며 어서 자유를 찾아 남으로 가자고 말한다. 당신은 조상이 지킨 고향을 차마 떠나지 못하는 일념으로 발걸음이 떼어지지 않는 딸을 재촉하는 어머니의 말씀, 즉, '命'을 지키라는

간곡한 당부와 함께 어머니의 분신인 가락지를 빼주며 떼밀다시피 이별하는 장면이 눈에 선한듯 아려온다. 서로 잠시 떨어져 있으면 언젠가는 다시 해후할 수 있겠지 하며 보낸 세월이 어언 육십여 년이 훌쩍 지났다.

시인은 늘 이별의 그 순간을 회상하며 통한의 절규로 오는 어머니를 그리며 까치발로 서서 어매를 그리워했지만, 이젠 살아생전 다시 볼수 없다는 개연성을 예견하며, 가락지란 화두를 연쇄법의 형식으로 첫연과 끝연에 삽입하고 있다. 통한의 고향 땅을 향해 어쩌면 연세로 보아 이 세상을 하직했음직한 어머니를 더욱 그리며 가락지를 띄워 드리겠다고 피맺힌 절규로 하소하고 있는 이 시는, 결코 우리 모두가 함께 인식하는 분단의 아픔으로 겪는 실향민의 애통한 심정을 극대화한 것으로 인식된다.

발 없는 새벽
흐르는 물 따라
지나간 난세의 우울을 만진다

꽃보다 고운 시절 허리 꺾고
밥그릇 따라 이삭 줍던
영혼의 소리를

나뭇가지 흔드는 바다 바람
소금 물고 수없이 뭍으로 오르다
길 위에 널려 있는 값싼
무수한 노동력과 어울리면

땀방울 퇴비로 뿌린 무게로

또 다른 세상의 너울로 나래 펴며
내일의 향기에 지문이 묻드러지는데

투박해진 손등 따라
뜨락에 가득한 꽃향
땀 먹고 자란 벼이삭 가슴에 안기면
꽃대 든든한 둥지의 향기 한 움큼
가는 날 발자국마다 즈런즈런 밟고 가리

———「소금꽃 둥지」 전문

시는 어쩌면 그 시인의 일생을 지배해온 과거와 현재, 그리고 삶의 진정성에 무게가 실린다. 다시 말하자면 생활과 삶 속에서 자신의 존재 이유가 시인이 이룩하는 시의 근본으로 환원되어 재생 순화 여과되는 것이다. '소금꽃'이란 극복하기 힘든 초인적인 육체노동과 정신적인 피로로 옷 속에서 땀으로 배출된 얼룩진 결과물인 땀의 결정체인 것이다.

시집의 표제어가 된 이 시는 한세상을 사는 동안 이제 고희를 훌쩍 넘긴 시인의 자서적인 삶이 적나라하게 투영 표출된 시로, 직유와 은유를 적절히 가미하여 과거를 복원한 시로, 시련과 고통, 극복하기 힘든 난관 등이 의미적 요소로 회자되고 있다.

특히 4연의 〈땀방울 퇴비로 뿌린 무게로/ 또 다른 세상의 너울로 나래 펴며/ 내일의 향기에 지문이 묻드러지는데〉 표현미는 참으로 시의적절한 탁월한 묘사이다.

특히 콘텐츠contents는 순차적으로 어울리는 연과 연사이를 조율하는 시어들의 적절한 배합에 있다고 보여진다. 그리고 끝연 5행은 희망적 결과를 예단하며 공감각적synesthetic 마무리로 결구지은 점을 높이 사고 싶다.

서리 맞은 파란 눈들이
들판을 가득 채우면
노고지리 허기져 노래 그치고
계절보다 일찍 온 송화가루 날리면

배움 접고 밥그릇 따라 떠난 누이
눈썹 그늘에 찬 쓸쓸한 뒷모습은
울엄마 시린 가난의 눈물이었다

찔레꽃 빈 가지에 바람이 살고
어린 손들이 시린 물꼬 흔들며
밑거름 뿌려준 지난 시간들이
청보리 파란 꿈으로 헤엄칠 때면

누런 청보리 물결치는 이랑마다
눈빛 여문 노고지리 더욱 높이 날고
울엄마 환한 숨결이 마중하던
찔레꽃 향기로 오던 내 누이여

———「보릿고개」 전문

우리가 흔히 일컫는 '보릿고개'는 산업화의 기초가 시작되기 전까지 계속 되었지만 특히 일제강점기와 전쟁의 참화를 겪은 6·25동란 전후가 가장 극심했던 것으로 기억된다. 당시는 보리를 수확할 때까지 중산층 이하 생활 자활능력이 거의 없는 일부 빈민층에서는 초근목피로 연명하는 참혹한 현실이었다.

회화적 요소의 이 시는 특히 2연이 빼어나다. 〈배움 접고 밥그릇 따라 떠난 누이/ 눈썹 그늘에 찬 쓸쓸한 뒷모습은/ 울엄마 시린 가난의 눈물이었다〉에서 보듯 먹거리가 없어 학업도 중단하고 한 사람의 입을 덜기 위해 혹은 가족에게 보탬이 되는 일자리의 노동을 찾아가는 어쩌면, 가정 해체까지 이르게 하는 보릿고개를 정밀한 시어들을 구사하며 시너지synergy 효과를 극대화 한 이 시는 1연에서 보릿고개의 잔혹사를, 2연에서 살기 위해 뿔뿔이 헤어지는 가족들의 해체를, 3연에서 찔레꽃 필 무렵이면 가족이 함께 할 수 있다는 희망적 견해를, 4연에서는 마침내 청보리가 익어 보릿고개를 이기는 인간승리의 절정의 순간을 심도있게 추적한 점이 놀랍다.

한편의 영화에서 보듯 서사적인 이 시는 특히 3연에서 찔레꽃을 도입하여 그 시기를 명징지은 것과, 4연의 3~4행 〈울엄마 환한 숨결이 마중하던/ 찔레꽃 향기로 오던 내 누이여〉에서 모든 난관을 극복한 가족의 인간애와 혈연에 대한 우리의 유가풍의 민족혼이 투영된 시로 향토적, 토속적인 상징성을 더하고 있다.

몇 굽이 재너머 오일장 서는 날
할머니 치맛자락 엉너리는
석이 에움 돌며 넉넉해진
장터 구경에 발바닥이 아팠다

얼음 조각 덮어쓴 좌판을 건너
한물 간 눈빛 사린 몸 배를 갈라
살속을 비집고 드는 왕소금 한 움큼
간고등어 깊은 푸른빛에

마음 빳기던 날

먼 바다 갯내음에 취한 손자들
어린 입맛 키운 밥상머리에
군침 도는 살점으로 뚝뚝 떨어져
왕성한 식욕으로 푸른 바다를 먹는다

———「간고등어」 전문

낙후된 시절의 삶의 형편과 식생활 문화를 마치 그림을 보듯 스케치한 이 시는 우선 시각적인 의미에다 진솔하고도 현장 감각적인 소박미가 선연한 시이다.

어떠한 난해한 시어나 복합적인 시의 구도를 배제한 단일한 의미의 표제어를 당시의 생활과 연관지은 역사성에 의미를 설정한 것이 주효했다고 보여진다. 시각적인 시가 가지는 단순성을 극복한 이 시는 발상과 소재 선택, 느낌feeling에서 오는 변화를 적절히 배분한 것이 더욱 시를 돋보이게 하는 근원이 되고 있다.

참으로 생활이 궁핍하던 시절 농촌의 소시민적인 생활의 식생활 모습의 한 단면을 과장법없이 순화한 점이 특징성을 가지는 시이다.

한 줄 편지를 쓰다
하얀 새벽녘 별이 지고
가슴에 못다한 사연들 돌아누우면
북녘 하늘 맴돌다 사라지는
허리 잘린 언어들

시간을 붙들지 못해

수선거리는 바람에
물든 나뭇잎에 달빛이 먼저 눕는다
못다한 여백에 하늘자락 가득 채워
수취인 불명인 명천천에 급전을 띄우면

유년을 낳아준 길에 뿌리로 남아
언제나 가슴앓이로 오는 노스탤지어
칠보산 병풍바위에 소리 잃은 메아리로
먼- 훗날
탈색된 내 이름만 백골로 남을지니

———「소리 잃은 메아리」 전문

3연 15행으로 이루어진 이 시는 남과 북이 갈린 현 상태에서 한 평생 마음의 뿌리로 남아있는 노스탤지어를 모티브motive로, 마음 안에 내재된 절절한 그리움을 신선한 시어로 유화한 의미적 요소의 시이다. 선연한 이미지에다 현실감각적인 서경적인 면모를 도입한 전연체는 자못 감동적이다.

결코 전해지거나 돌아오지 않을 '한 줄 편지를 쓰다'의 첫 행은 어떤 비애보다 통렬한 그리움의 극치미를 이룬 수사로 돋보인다.

그리고 1연의 〈허리 잘린 언어들〉, 2연의 〈수취인 불명인 명천천에 급전을 띄우면〉, 3연의 〈탈색된 내 이름만 백골로 남을지니〉의 시행들의 탁월한 언어들의 수사미와 언어순화의 재련은 참으로 놀랍다. 각 연이 개성personality을 갖고 있으며 역동적인 시로 거듭나고 있다.

그리고 3연 〈유년을 낳아준 길에 뿌리로 남아/ 언제나 가슴앓이로 오는 노스탤지어/ 칠보산 병풍바위에 소리 잃은 메아리로/ 먼- 훗날/ 탈색된 내 이름만 백골로 남을지니〉는 단연 압권이다. 이 이상의 깊이와 높이로 싯적 화두를 거느린 회자를 운용할 수 있을까 싶으리만치 감동적이다. 언어수사와 묘사, 그리고 표현미가 가히 일품으로 가편이라 평가할 만하다.

겨울나무에 환하게 핀 설화
산촌 초가에 매달린 꽃자리인가
눈물로 방울지며
거꾸로 자라는 짧은 생애

온도계의 눈금 따라
문풍지 소리내 울던 밤
시린 발끝에 쌓인 어둠이
뜬눈으로 아침을 맞으면

처마 끝 눈부신 볕에
방울방울 고인 물 담금질하면
낙수물로 씻은 몸
바닥에 안기는
처연한 저 미소

———「고드름」 전문

마치 압축과 절제 간결미의 아포리즘의 시세계를 교과서적으로 함축한 이 시는, 시각적인 풍경과 변모해 가는 물리적 과정, 그리고 회화적 요소를 접목시킨 시로 우선 간결한 문체의 시어들이 눈부시다.

초가 끝에 매달린 고드름이 기후와 온도의 변화에 따라 하나의 낙숫물이 되는 과정을 군더더기 없이 참신한 시어들의 적절한 배열로 효과를 극대화한 점을 우선 높이 사고 싶다. 여느 겨울처럼 평범한 시각적이면서도 서경적인 면모를 놓치지 않고 주의깊게 본 시인의 혜안이 하나의 가작을 창출한 계기가 되고 있는 시로, 사물의 모양이나 움직임 등을 흉내내어 표현하는 의태법을 선호한 시이다.

그리고 맨 끝연의 결구 〈처연한 저 미소〉는 이 시의 시적 높이를 더욱 상승시키는 효과를 지니는 시행으로 참으로 절귀이다.

산비알 기슭에 발자국 멈추면
어매 닮은 찔레꽃 내음
연한 새순 입에 물려주던 유년이
더욱 생경한데
물알 듣는 목마른 이랑마다
허기진 등허리 수액 빠지고
말없는 꽃잎 먼저 지면
목메기 산록대 흩고 지나고
하얀 꽃향 바람에 묻어오면
천년의 노을로
하루해가 멈춰선
산 그리매 이슬진 눈가에
어매의 내음으로
옷깃이 먼저 젖는다

———「찔레꽃」 전문

14연의 이 비연시는 우리나라의 순수한 꽃으로 향토적인 정서가 물씬 나는 찔레꽃을 명시적으로 거론하며, 철부지의 유년시절과 어머니를 그리워하는 모정에 대한 예찬과 지난 시절을 회상하는 회고적인 시이다. 꽃의 일생과 어머니의 한 생애, 그리고 시인이 그리는 유년시절의 향수가 삼위일체를 이루는 상징적 의미와 애향심이 함께 하고 있는 시로, 낭만적인 요소에다 풍토적 향토적 의미를 가미한 시로 평가할 만하다.

목가적인 풍경에다 서경적인 면모로 우리의 민족혼이 깃든 찔레꽃을 심미적으로 이끈 점이 돋보이는 시로, 모호성을 배제한 시어들과 시행이 참으로 발군이다. 이는 하나의 주제를 여과하는 과정에서 동질성과 연결성을 함께 가지는 면밀한 과정이 대단원으로 합일되었기 때문이라 생각된다.

방옥산 시인은 시적 의미를 가지는 소재들을 재련 가공하는 솜씨가 참으로 발군이다. 시적 높이를 가지는 잠재성 있는 시어들의 창출과 현대적 의미에다 향토적, 토속적으로 복원된 시어들을 자유자재로 운용하는 탁월한 선구안이 정서의 뿌리와 일치하여 시의 품격을 더욱 높이고 있다.

보편적인 서정시에다 하나의 개성과 독창성을 지니는 시들로 탈바꿈시킨 시인의 역량을 높이 평가하고 싶다. 대성을 바란다.

방옥산 시집

소금꽃 둥지

인쇄일 | 2013년 12월 5일
발행일 | 2013년 12월 12일
지은이 | 방옥산
펴낸이 | 최장락
펴낸곳 | 도서출판 두손컴
주 소 | 부산광역시 부산진구 부전로 35. 301호(부전동, 삼성빌딩)
전화 : (051)805-8002 팩스 : (051)805-8045
이메일 : doosoncomm@daum.net
출판등록 제329-1997-13호

값 10,000원

ISBN 978-89-97083-78-7 03810

「이 도서의 국립중앙도서관 출판시도서목록(CIP)은 서지정보유통지원시스템 홈페이지(http://seoji.nl.go.kr)와 국가자료공동목록시스템(http://www.nl.go.kr/kolisnet)에서 이용하실 수 있습니다.(CIP제어번호: CIP2013026020)」